HTML

Sommario

HTML 1

Capitolo 1: Introduzione 4

   Cos'è HTML 4

   HTML5 & CSS3 11

Capitolo 2: Strumenti per iniziare 16

   L'editor di testo 16

   Il browser 18

   Come provare il codice 22

Capitolo 3: Elementi della pagina HTML 28

   Il doctype <!doctype html> 28

   <html> 31

   <head> 32

   <body> 34

Capitolo 4: I tag di testo 36

   I titoli 36

   I paragrafi 38

Capitolo 5: Gli elenchi 42

Elenchi numerati..................................42

Elenchi puntati....................................44

Capitolo 6: I link................................50

Gli attributi principali.......................50

Percorsi assoluti e percorsi relativi..........52

Capitolo 7: Le immagini............................55

Gli attributi principali.......................55

Capitolo 8: I div..................................60

Contenitore generico...........................60

Capitolo 9: Prima pagina HTML 66

Capitolo 10: CSS inline............................69

Capitolo 11: CSS applicato al testo............76

Capitolo 12: CSS applicato ai div..............86

Position.......................................86

Dimensioni e margin............................91

Capitolo 13: Immagini e CSS 102

Immagini responsive 104

Capitolo 14: Il mondo vero......................106

Capitolo 1: Introduzione
Cos'è HTML

In termini semplici, una pagina Web (o un documento HTML) è un file di testo normale che è stato codificato utilizzando l'Hypertext Markup Language (HTML) in modo che appaia ben formattato in un browser Web. Ecco cosa significa HTML, parola per parola:

- HyperText: testo ipertestuale su cui fai clic per passare da un documento all'altro. Questo è un riferimento alla capacità delle pagine Web di collegarsi tra loro;
- Markup: tag di markup che applicano convenzioni di layout e formattazione al testo normale. Letteralmente, il testo normale è "contrassegnato" con i tag;

- Language: Un riferimento al fatto che l'HTML è considerato un linguaggio di programmazione.

Quando si pensa all'ambito della programmazione per computer, di solito si pensa di scrivere un programma compilato. Un linguaggio di programmazione compilato esegue il codice di programmazione leggibile dall'uomo tramite un'utilità che lo converte in un file eseguibile (solitamente con un'estensione .exe o .com), che viene quindi distribuito agli utenti.

Al contrario, l'HTML è un linguaggio di programmazione interpretato. Ciò significa che il programma è distribuito in un formato leggibile dagli utenti e il programma in cui è aperto si occupa di eseguirlo. Il codice HTML per le pagine Web risiede nei file. Ogni volta che il browser Web apre una pagina Web, elabora il codice HTML all'interno del file.

Questa è la differenza tra linguaggio di markup e linguaggio dichiarativo, un linguaggio di markup si limita ad aggiungere qualcosa ad un contenuto (in questo caso gli elementi da visualizzare nella pagina). Un linguaggio dichiarativo, invece, esegue una serie di istruzioni che non è detto siano capite dall'utente, benché scritte da uno sviluppatore.

I tag HTML sono le parole chiave nascoste all'interno di una pagina Web che definiscono il modo in cui il browser Web deve formattare e visualizzare il contenuto. La maggior parte dei tag deve avere due parti, una di apertura e una di chiusura. Ad esempio, <html> è il tag di apertura e </html> è il tag di chiusura, nota bene che il tag di chiusura ha lo stesso testo del tag di apertura ma ha il carattere barra (/) in aggiunta. Dovresti interpretarlo come "fine del tag".

Ci sono alcuni tag che sono un'eccezione a questa regola e in cui non è richiesto un tag di chiusura, il tag <img> per mostrare le immagini ne è un esempio. Ogni file HTML deve avere dei tag essenziali per essere considerato valido, in modo che i browser web possano capirlo e visualizzarlo correttamente. Il resto del file HTML può contenere il numero di tag che desideri per visualizzare il tuo contenuto.

I tag possono avere degli attributi che ti consentono di personalizzare un tag e sono definiti all'interno del tag di apertura, ad esempio: <img src = "immagine1.jpg"> o <p align = "center"> TESTO </p>. Agli attributi viene spesso assegnato un valore utilizzando il segno di uguale, come border = "0" o width = "50%" ma ce ne sono alcuni che devono solo essere dichiarati nel tag in questo modo: <input disabled>. La maggior parte degli attributi sono opzionali per la maggior parte dei tag e vengono utilizzati solo quando si desidera modificare qualcosa del comportamento predefinito con cui un tag viene visualizzato dal browser. Tuttavia, alcuni tag come il tag <img> hanno attributi obbligatori come src e alt che sono necessari affinché il browser visualizzi correttamente la pagina web. Di seguito è riportato un documento html di base, contenente tutti i tag essenziali.

Puoi copiare il codice qui sotto, incollarlo nel tuo editor e salvarlo come pagina.html per creare la tua pagina web:

```html
<html>
  <head>
    <title>Titolo della pagina</title>
  </head>
  <body>
```

Qui va tutto il contenuto della pagina web!
  </body>
</html>

HTML è un linguaggio di markup molto semplice e anche se ci sono quasi 100 tag in HTML5, di solito finirai per utilizzare solo una parte di essi il 99% delle volte. Ecco alcuni tag HTML di cui hai bisogno per marcare quasi tutti i contenuti e qualsiasi altra cosa a cui puoi pensare quando crei una pagina web.

I 10 tag HTML nell'elenco seguente servono per la formattazione del contenuto. Non preoccuparti, anche se sembrano molti e difficili da imparare, sono molto semplici e funzionano tutti allo stesso modo. Ecco la lista:

<h1>, <h2>, <h3>... <h6> **Intestazioni**

`<p>` **Paragrafo**

`<i>` **o** `<em>` **Corsivo / Enfasi**

`<b>` **o** `<strong>` **Grassetto**

`<a>` **Ancora**

`<ul>` **&** `<li>` **Elenco e voce di elenco non ordinati**

`<blockquote>` **Citazione**

`<hr>` **Cambio argomento**

`<img>` **Immagine**

`<div>` **Blocco generico**

HTML5 & CSS3

In primo luogo, esamineremo HTML5, che è la quinta versione per Hypertext Markup Language. Questo è il principale linguaggio di markup utilizzato per definire e strutturare il contenuto nelle pagine web. Tutte le pagine web esistenti hanno implementato l'HTML in un modo o nell'altro. Per così tanti anni, precisamente dal 1997, è stato sempre utilizzato HTML4. Nel 2012 è iniziato lo sviluppo dell'ultima versione di HTML, sviluppo che è stato rilasciato alla fine del 2014.

HTML5 è progettato per supportare principalmente pagine web più orientate al multimediale, pur mantenendo la sua semplicità. Una delle grandi differenze tra HTML4 e HTML5 è la maggiore adattabilità.

HTML5 ha adottato alcune delle funzionalità che erano presenti in HTML4 ma include anche funzionalità aggiuntive.

Ad esempio, HTML5 ha ridefinito alcuni elementi HTML come e li ha sostituiti con elementi più "a misura d'uomo" come header, footer e section. Esistono anche API HTML5 (Application Programming Interfaces) che consentono di aggiungere elementi multimediali come audio e video.

Vediamo ora CSS, che sta per Cascading Style Sheets, giunto alla sua terza e ultima versione con CSS3. I CSS hanno rivoluzionato il modo di definire il layout delle pagine web, la maggior parte delle quali sono state costruite su HTML. Definendo le pagine su un file separato chiamato foglio di stile, è stata ottenuta una grande coerenza, infatti, tutto ciò che gli sviluppatori web dovevano fare era collegare le loro pagine web a un dato file CSS. Questo file CSS contiene definizioni per diversi elementi della pagina web come intestazioni, piè di pagina, barre laterali, collegamenti, menu e persino testo. CSS3 ha alcune capacità di stile piuttosto avanzate che consentono al web designer di manipolare sfondi e stili del carattere.

Con CSS3, puoi anche implementare facilmente le ombre esterne e con tutti questi stili da un file, in modo da creare un sito web più pulito che è anche leggero in termini di spazio di archiviazione, consumo di larghezza di banda e tempo di caricamento.

Le pagine Web basate su CSS3 possono essere facilmente rese reattive utilizzando le media query, ciò significa che tali pagine Web hanno un aspetto ottimizzato per diverse dimensioni e risoluzioni dello schermo. Questa è una delle tendenze più popolari nello sviluppo web negli ultimi anni. I siti Web moderni devono adattarsi a causa delle variazioni nei dispositivi utilizzati per accedere a Internet, dispositivi come smartphone, laptop, tablet e persino console di gioco.

Affinché tu possa soddisfare tutti gli utenti Internet del mondo, i siti web reattivi (anche detti responsive) sono un must, ecco perché HTML5 rende lo sviluppo di tali siti molto semplice. Quando HTML5 e CSS3 lavorano insieme, si ottiene una potente combinazione che consente di creare siti Web ricchi di funzionalità utilizzando un processo di codifica molto più semplice.

Per i programmatori inesperti, lo sviluppo in HTML5 / CSS3 sarà molto più semplice poiché il linguaggio è più vicino a quello umano e più lontano dal codice macchina. Per tali programmatori, un generatore di template HTML5 / CSS3 è l'opzione migliore. Sono molto facili da usare e diventi un pittore che aggiunge gli elementi sulla tela web in modo molto semplice ed efficiente, tuttavia rischi di non imparare a fondo HTML5 e CSS3.

Capitolo 2: Strumenti per iniziare
L'editor di testo

Per scrivere una pagina HTML non hai bisogno di scaricare alcun software, non hai bisogno di un programma dedicato o professionale. Potresti usare semplicemente Blocco Note o l'equivalente in MacOS e Linux. Se desideri apportare una modifica al documento, puoi aggiornare il markup, salvare il file, tornare al browser e fare clic sul pulsante Ricarica o Aggiorna.

A volte il browser ricaricherà comunque la pagina dalla sua cache; se una pagina non si aggiorna correttamente dopo averla ricaricata, tieni premuto il tasto MAIUSC mentre fai clic sul pulsante Ricarica e il browser dovrebbe aggiornare la pagina.

Mentre scrivi il markup, tenere il browser e l'editor aperti contemporaneamente è un'ottima idea per evitare di riaprire costantemente l'uno o l'altro. Molti editor Web ti aiuteranno a caricare le tue pagine Web in vari browser o persino a visualizzare direttamente in anteprima la visualizzazione del markup.

Alcuni editor offrono degli strumenti a supporto dello sviluppatore in modo da poter creare le pagine Web in modo più rapido e veloce. Questa è sostanzialmente la differenza tra prodotti gratuiti e prodotti professionali, una serie di plugin e strumenti che possono aumentare notevolmente la tua produttività. Uno dei migliori editor è Atom, un prodotto creato da Github e completamente personalizzabile tramite plugin, praticamente esiste un plugin per tutto. Vuoi formattare il codice? Aggiungi un plugin. Vuoi creare aggiungere codice React? Aggiungi un plugin.

Oltre a questo notevole vantaggio, si tratta di un software multipiattaforma quindi puoi usarlo su MacOS, Windows e Linux e ti offre un completamento automatico intelligente. Atom, infatti, ti aiuta a scrivere codice più velocemente suggerendoti attributi e sintassi, in modo rapido e flessibile. Infine, ma non meno importante, puoi usare diversi riquadri per i tuoi file per confrontare e modificare il codice contenuto nei file.

Il browser

Quando un browser legge un documento con markup, come l'esempio seguente:

```
<!DOCTYPE HTML>
```

```html
<html>
 <head>
  <meta http-equiv="Content-Type" content="text/html; charset=utf-8">
  <title>Benvenuto</title>
 </head>
 <body>
   <h1>Benvenuto in HTML</h1>
   <hr>
   <p>HTML <em>non è</em> così difficile da imparare!</p>
   <p>Puoi mettere molto testo qui se vuoi. Potremmo continuare all'infinito con un testo fittizio, ma torniamo al libro.</p>
 </body>
</html>
```

...costruisce un albero di analisi per interpretare la struttura del documento. Questi alberi di analisi, spesso chiamati alberi DOM

(Document Object Model), sono l'interpretazione dei browser del markup fornito e sono parte integrante per determinare come rendere visivamente la pagina utilizzando sia HTML che qualsiasi CSS allegato. JavaScript utilizzerà questo albero di analisi anche quando gli script tentano di manipolare il documento.

L'albero di analisi funge da scheletro della pagina, quindi assicurarsi che sia corretto è abbastanza importante, ma purtroppo vedremo molto spesso che non lo è. I browser sono in realtà abbastanza permissivi in ciò che mostrano.

Anche quando mancano tag importanti, non si specificano i tipi di codifica, non ci sono commento validi, addirittura quando si utilizzano le lettere maiuscole e minuscole in modo incoerente, i browser visualizzeranno la pagina come se fosse ben formata. Dopo anni di battaglie tra browser crediamo che Google Chrome domini sugli altri, considerando gli strumenti per gli sviluppatori che il browser offre. Ti basterà premere il tasto destro del mouse e selezionare "Ispeziona elemento" su una pagina Web per aprire tale strumento. Offre un pannello per la struttura della pagina, un altro per visualizzare le richieste che viaggiano in rete e altri pannelli per misurare le performance della pagina.

Come provare il codice

Ti basta aprire un editor di testo e semplicemente scrivere il tuo codice. Salva il tutto con estensione .html e apri la pagina dal tuo browser. Puoi scrivere l'indirizzo nella barra dell'URL o, in modo più semplice, salvare il file in modo che il tuo sistema operativo riconoscerà la tua pagina Web e l'aprirà con il tuo browser predefinito.

Accertati che il codice sia scritto bene e che per ogni tag aperto ci sia l'equivalente tag di chiusura (se previsto). Ti ricordo che tag come img non hanno un corrispettivo tag di chiusura.

Google Chrome è attualmente uno dei browser Web più popolari utilizzati oggi dagli sviluppatori. Secondo StatCounter, a partire da settembre 2019, Google Chrome detiene il

63,72% della quota di mercato dei browser in tutto il mondo. Per uno sviluppatore, Chrome DevTools può migliorare notevolmente il flusso di lavoro aiutandoti a sviluppare, testare ed eseguire il debug dei tuoi siti web direttamente nel tuo browser. Molti di voi probabilmente utilizzano già Chrome DevTools regolarmente, ma dai un'occhiata a questi suggerimenti e trucchi aggiuntivi per migliorare la tua produttività.

Gli strumenti per sviluppatori di Google Chrome, noti anche come Chrome DevTools, sono strumenti per la creazione e il debug del Web integrati direttamente nel browser. Forniscono agli sviluppatori un accesso più approfondito alle loro applicazioni web e al browser consentendoti di fare di tutto, dal testare il viewport su un dispositivo mobile alla modifica immediata di un sito Web e persino misurare le prestazioni di un intero sito Web o di singole risorse.

Esistono diversi modi per aprire Chrome DevTools, il che significa che puoi utilizzare il metodo che più ti piace: puoi aprirlo dal menu del browser, fare clic con il pulsante destro del mouse e selezionare "Ispeziona elemento" oppure premere il tasto F12.

Grazie a questo strumento puoi modificare l'HTML al volo e visualizzare in anteprima le modifiche selezionando qualsiasi elemento, scegliendo un elemento del DOM all'interno del pannello e facendo doppio clic sul tag di apertura per modificarlo. I tag di chiusura vengono aggiornati automaticamente per te. Eventuali modifiche verranno visualizzate nel browser come se la modifica fosse stata effettivamente apportata al codice sorgente.

Proprio come con la modifica dell'HTML, puoi anche cambiare CSS in Chrome DevTools e visualizzare in anteprima come sarà il risultato. Questo è probabilmente uno degli usi più diffusi di questo strumento. Seleziona semplicemente l'elemento che desideri modificare e sotto il pannello degli stili puoi aggiungere / modificare qualsiasi proprietà CSS che desideri, notando quali classi sono state applicate.

Quando si esegue il debug di JavaScript a volte è utile impostare i punti di interruzione anche detti breakpoint. Puoi impostare i breapoint in Chrome DevTools facendo clic sul numero di riga in cui desideri interrompere l'esecuzione, quindi premi Cmd + R (Ctrl + R) per aggiornare la pagina. La pagina verrà quindi eseguita direttamente su quel punto di interruzione.

Puoi testare il tuo sito web e le media query per vedere se il tuo design reattivo sta funzionando da qualche parte entrando in modalità dispositivo. In alternativa, puoi vedere a quale risoluzione si sta interrompendo la pagina in modo da sapere dove applicare una media query.

Per accedere alla modalità dispositivo, fai clic sull'icona del piccolo telefono e tablet in Chrome DevTools o premi Cmd + Maiusc + M (Ctrl + Maiusc + M). È quindi possibile scegliere quale dispositivo e risoluzione emulare, aggiungere una limitazione di rete e persino definire l'orientamento del dispositivo. Infine, ma non meno importante, hai mai provato a capire da dove proviene uno stile nascosto, ad esempio il selettore :hover? In Firefox Developer Tools puoi vederlo quando selezioni l'elemento, ma non in Chrome DevTools. Tuttavia, c'è qualcosa di meglio, chiamato Toggle Element State che ti consente di forzare lo stato di un elemento, come :hover, in modo da poter utilizzare il pannello degli stili per vedere le proprietà.

Capitolo 3: Elementi della pagina HTML
Il doctype <!doctype html>

La specifica HTML5 non solo abbraccia il passato, supportando la sintassi tradizionale in stile HTML e XHTML, ma aggiunge anche una vasta gamma di nuove funzionalità. Sebbene HTML5 si sposti da HTML 4, è anche un po' un ritiro e un'ammissione che cercare di convincere ogni sviluppatore Web su Internet a scrivere correttamente il proprio markup è uno sforzo inutile, soprattutto perché pochi sviluppatori Web sono effettivamente formati a tale tecnologia.

HTML5 cerca di portare ordine nel caos usando pratiche comuni, abbracciando ciò che è già implementato nei browser e documentando come questi programmi utente (browser o altri programmi che consumano pagine Web) dovrebbero gestire il nostro markup imperfetto.

Gli obiettivi di HTML5 sono grandiosi anche se la specifica è ampia e spesso fraintesa.

```html
<!doctype html>
<html>
  <head>
    <meta http-equiv="Content-Type" content="text/html; charset=utf-8">
    <title>Benvenuto</title>
  </head>
  <body>
    <h1>Benvenuto in HTML</h1>
    <hr>
    <p>HTML <em>non è</em> così difficile da imparare!</p>
```

```html
    <p>Puoi mettere molto testo qui se vuoi. Potremmo continuare all'infinito con un testo fittizio, ma torniamo al libro.</p>
  </body>
</html>
```

<html>

Per tutti gli scopi pratici, tutto ciò che è diverso dall'HTML standard in questo esempio è l'istruzione <! DOCTYPE>. Dati questi cambiamenti minimi, ovviamente, l'HTML5 di base verrà immediatamente visualizzato correttamente nei browser. Come indicato dalla sua dichiarazione atipica <! DOCTYPE>, HTML5 non è definito come un'applicazione SGML o XML.

A causa della base non SGML / XML per HTML, non esiste il concetto di convalida in HTML5; invece, viene verificata la conformità di un documento HTML5 alla specifica, che fornisce lo stesso valore pratico della convalida. Quindi la mancanza di un DTD formale è alquanto discutibile.

<head>

All'interno di un elemento html, la struttura di base di un documento rivela due elementi: head e body. L'elemento head contiene informazioni e tag che descrivono il documento, come il suo titolo, mentre l'elemento body ospita il documento stesso, con il markup associato richiesto per specificarne la struttura.

Le informazioni nell'elemento head di un documento HTML sono molto importanti perché vengono utilizzate per descrivere o aumentare il contenuto del documento. L'elemento si comporta come la prima parte o la copertina di un documento. In molti casi, le informazioni contenute nell'elemento head sono informazioni sulla pagina utili per lo stile visivo, la definizione dell'interattività, l'impostazione del titolo della pagina e altre informazioni utili che descrivono o controllano il documento.

Un singolo elemento title è richiesto nell'elemento head e viene utilizzato per impostare il testo che la maggior parte dei browser visualizza nella barra del titolo. Il valore all'interno di un titolo viene utilizzato anche nel sistema di cronologia di un browser, registrato quando la pagina viene aggiunta ai segnalibri e consultato dai bot dei motori di ricerca per determinare il significato della pagina. In breve, è piuttosto importante avere un titolo della pagina sintatticamente corretto, descrittivo e appropriato.

<body>

Dopo la sezione head, il corpo di un documento è delimitato da <body> e </body>. Secondo la specifica HTML 4.01 e molti browser, l'elemento body è facoltativo, ma dovresti sempre includerlo, soprattutto perché è richiesto nelle varianti di markup più rigide. Può essere visualizzato un solo elemento del body per documento. All'interno del body di un documento Web è presente una varietà di tipi di elementi. Ad esempio, gli elementi come paragrafi (p) o titoli (h1-h6).

Gli elementi a livello di blocco generalmente introducono visivamente interruzioni di riga. Forme speciali di blocchi, come elenchi non ordinati (ul), possono essere utilizzati per creare elenchi di informazioni. All'interno di blocchi non vuoti, vengono trovati elementi inline. Ci sono numerosi elementi inline, come grassetto (b), corsivo (i), enfasi (em) e numerosi altri.

Altri tipi vari di elementi, inclusi quelli che fanno riferimento ad altri oggetti come immagini (img) o elementi interattivi (object), si trovano generalmente all'interno dei blocchi, sebbene in alcune versioni di HTML possano essere presenti singolarmente.

Capitolo 4: I tag di testo I titoli

I tag di intestazione hanno influenza quando si tratta di ranking su Google. Sebbene non sia importante per Google, mi attengo a uno "H1" sulla pagina e uso i titoli "H2" e "H3" in modo appropriato. Mantieni i titoli in ordine ed evita di utilizzare titoli per elementi di design. Scrivi in modo naturale con le parole chiave nei titoli, se pertinenti ed evita il riempimento di parole chiave.

Cerca di gestire le intestazioni da H1 a H6 su una pagina web in modo tale da utilizzare uno ed un solo h1 su una normale pagina web a meno che non venga specificamente chiesto di fare qualcosa di diverso. I tag da h1 a h6 identificano diversi tipi di intestazioni ma possono avere stili diversi in base ai browser o ai CSS. I titoli da h2 ad h6 hanno importanza decrescente quindi usali in base all'importanza del testo.

I paragrafi

Per impostazione predefinita, il testo all'interno dell'elemento <p> viene visualizzato su una riga ed indica un paragrafo. Ciò causa problemi quando è necessario che il testo sia conforme a un formato specifico (ad esempio, una poesia o un indirizzo postale). È possibile mantenere la formattazione con l'elemento <pre>. Conserva gli spazi e il testo esattamente come li hai digitati. I paragrafi HTML preformattati vengono visualizzati con un carattere a larghezza fissa (solitamente Courier). Ecco due esempi:

<p> **Sia le interruzioni di riga che gli spazi sono preservati dal tag pre:** </p>
<pre> **Lorem ipsum dolor sit amet, consectetur adipiscing elit.**

Praesent non mauris vel velit semper tincidunt non ac metus.

In hac habitasse platea dictumst.

</pre>

Se ometti il tag di chiusura </p>, l'elemento paragrafo si chiuderà automaticamente in HTML5. Tuttavia, XHTML è più rigoroso e non consente l'omissione di tag. Inoltre, puoi separare i paragrafi con il rientro della prima riga anziché i margini utilizzando la proprietà CSS text-indent.

Se hai bisogno di più spazio vuoto tra i paragrafi, usa la proprietà CSS margin e non aggiungere paragrafi vuoti, in quanto potrebbero confondere gli utenti delle tecnologie assistive.

Ci sono una serie di elementi che possono essere usati per aggiungere un significato semantico al testo contenuto in uno degli elementi di raggruppamento del testo. Questi elementi dovrebbero essere usati sul testo all'interno di un elemento di raggruppamento del testo principale come un paragrafo, un'intestazione o un elenco. Attira l'attenzione dell'utente con grassetto, corsivo ed evidenziazione infatti sono disponibili diverse opzioni. Usa questi elementi per il loro significato semantico, non per la loro presentazione visiva, quindi modifica l'aspetto in base alle tue preferenze usando i CSS. L'elemento strong viene utilizzato per dare una forte importanza a una parola o una serie di parole. Il testo racchiuso in tag <strong> viene generalmente visualizzato in grassetto dai browser web. Il testo avvolto nei tag em pone enfasi sul testo tra i tag. Il testo enfatizzato, in questo modo, viene generalmente visualizzato in corsivo dai browser web. Pensa all'elemento mark come a un evidenziatore digitale. Se un determinato pezzo di testo ha una rilevanza unica su una pagina Web, avvolgilo in tag di questo tipo ed esso attirerà l'attenzione dei visitatori del sito Web e delle tecnologie assistive.

Capitolo 5: Gli elenchi
Elenchi numerati

La creazione di un elenco HTML richiede due elementi che, se usati insieme, formano l'elenco. Il primo elemento viene utilizzato per contrassegnare ogni elemento dell'elenco. Il secondo determina il tipo di elenco che stai creando: ordinato o non ordinato. Metti ogni elemento dell'elenco in un elemento <li>. Per creare un elenco, inserisci ciascun elemento dell'elenco nel proprio elemento <li>, il che significa racchiudere il contenuto in un tag <li> di apertura e in un tag </li> di chiusura.

Come con qualsiasi altro elemento HTML, il contenuto tra i tag può essere breve o lungo a piacere e suddiviso su più righe. Racchiudi gli elementi dell'elenco con l'elemento <ol> o <ul>. Se utilizzi un elemento <ol> per racchiudere gli elementi dell'elenco, questi verranno visualizzati come un elenco ordinato; se usi <ul>, l'elenco verrà visualizzato come un elenco non ordinato. Ecco come racchiudere i tuoi articoli in un elemento <ol>:

<ol>
 <li>**Andrea**</li>
 <li>**Marco**</li>
 <li>**Giuseppe**</li>
 <li>**Antonio**</li>
</ol>

Elenchi puntati

Nel caso di un elenco non ordinato, sostituisci <ol> con <ul>:

<ul>
  <li>**Andrea**</li>
  <li>**Marco**</li>
  <li>**Giuseppe**</li>
  <li>**Antonio**</li>
</ul>

La proprietà CSS list-style-type specifica il tipo di marcatore dell'elemento dell'elenco. L'esempio seguente mostra alcuni degli indicatori disponibili:

<!DOCTYPE html>
<html>
  <head>

```html
<style>
  ul.a {
    list-style-type: circle;
  }
  ul.b {
    list-style-type: square;
  }
  ol.c {
    list-style-type: upper-roman;
  }
  ol.d {
    list-style-type: lower-alpha;
  }
</style>
</head>
<body>
  <p><strong>Esempio di elenchi non ordinati:</strong></p>
  <ul class="a">
    <li><strong>Andrea</strong></li>
    <li><strong>Marco</strong></li>
```

```html
  <li>Giuseppe</li>
  <li>Antonio</li>
</ul>
<ul class="b">
  <li>Andrea</li>
  <li>Marco</li>
  <li>Giuseppe</li>
  <li>Antonio</li>
</ul>
<p>Esempio di elenchi ordinati:</p>
<ol class="c">
  <li>Andrea</li>
  <li>Marco</li>
  <li>Giuseppe</li>
  <li>Antonio</li>
</ol>
<ol class="d">
  <li>Andrea</li>
  <li>Marco</li>
  <li>Giuseppe</li>
  <li>Antonio</li>
```

```html
    </ol>
  </body>
</html>
```

Adesso aggiungiamo un po' di colore! Prova questo codice:

```html
<!DOCTYPE html>
<html>
  <head>
    <style>
      ol {
      background: #ff9999;
      padding: 20px;
      }
      ul {
      background: #3399ff;
      padding: 20px;
      }
      ol li {
      background: #ffe5e5;
      padding: 5px;
```

```
        margin-left: 35px;
      }
      ul li {
      background: #cce5ff;
      margin: 5px;
      }
    </style>
  </head>
  <body>
    <h1>Liste di stile con i colori:</h1>
    <ol>
      <li>Andrea</li>
      <li>Marco</li>
      <li>Giuseppe</li>
      <li>Antonio</li>
    </ol>
    <ul>
      <li>Andrea</li>
      <li>Marco</li>
      <li>Giuseppe</li>
      <li>Antonio</li>
```

```html
    </ul>
  </body>
</html>
```

Capitolo 6: I link
Gli attributi principali

Gli URL non sono solo per la digitazione nei browser; puoi usarli direttamente nel tuo HTML. E, naturalmente, al momento giusto, avrai bisogno di creare un collegamento dalla pagina principale del tuo sito ad un'altra pagina con altre informazioni. Come probabilmente puoi intuire, lanceremo quell'URL direttamente in un elemento <a>. Ecco come fare:

<a href="pagina2.html"> Pagina 2 </a>

Questo è tutto quello che devi fare per collegarti a qualsiasi risorsa sul Web, tutto ciò di cui hai bisogno è il suo Uniform Resource Locator, che va nell'elemento <a> come valore dell'attributo href. Prova ad aggiungere questo collegamento nella tua pagina index.html e vedi cosa succede dagli strumenti per sviluppatori di Google.

Per aprire una pagina in una nuova finestra, è necessario indicare al browser il nome della finestra in cui aprirla. Se non indichi al browser una finestra specifica da utilizzare, il browser apre semplicemente la pagina nella stessa finestra.

Puoi dire al browser di utilizzare una finestra diversa aggiungendo un attributo target all'elemento <a>. Il valore dell'attributo target indica al browser la "finestra di destinazione" per la pagina. Se usi "_blank" per la destinazione, il browser aprirà sempre una nuova finestra per visualizzare la pagina. Diamo uno sguardo più da vicino:

```
<a target="_blank" href="pagina2.html"> Pagina 2 </a>
```

Percorsi assoluti e percorsi relativi

Finora hai utilizzato valori href che puntano a pagine nella stessa cartella. I siti sono di solito un po' più complicati e devi essere in grado di puntare a pagine che si trovano in altre cartelle. Per fare ciò, traccia il percorso dalla tua pagina al file di destinazione. Ciò potrebbe significare andare in una o due cartelle ma in entrambi i casi si finisce con un percorso relativo che possiamo inserire in href.

Per capire un percorso relativo per i tuoi link, parti dalla pagina che ha il link e poi traccia un percorso attraverso le tue cartelle fino a trovare il file a cui devi puntare. Esaminiamo un paio di percorsi relativi:

Punta ad una cartella figlia: <a target="_blank" href="cartella/pagina2.html"> Pagina 2 </a>

Punta ad una cartella padre: `<a target="_blank" href="../pagina2.html"> Pagina 2 </a>`

Punta ad una cartella radice: `<a target="_blank" href="/cartella/pagina2.html"> Pagina 2 </a>`

Probabilmente hai sentito il familiare "http://" un'infinità di volte, ma cosa significa? Innanzitutto, gli indirizzi Web che inserisci nel browser sono chiamati URL o Uniform Resource Locator. Per individuare qualsiasi cosa sul Web, purché si conosca il server che lo ospita e un percorso assoluto alla risorsa, è possibile creare un URL e con un browser Web puoi recuperarla utilizzando un protocollo, solitamente HTTP. HTTP è anche noto come HyperText Transfer Protocol.

In altre parole, è un metodo concordato per il trasferimento di documenti ipertestuali sul Web. Sebbene i "documenti ipertestuali" siano in genere solo pagine HTML, il protocollo può essere utilizzato anche per trasferire immagini o qualsiasi altro file di cui una pagina Web potrebbe aver bisogno. HTTP è un semplice protocollo di richiesta e risposta quindi con un percorso assoluto come https://www.google.it/ /logo.png crei una richiesta e il server restituisce il file ovvero una risposta.

Capitolo 7: Le immagini
Gli attributi principali

I browser gestiscono gli elementi <img> in modo leggermente diverso dagli altri elementi. Considera un elemento come <h1> o <p>. Quando il browser vede questi tag in una pagina, tutto ciò che deve fare è visualizzarli, abbastanza semplice. Ma quando un browser vede un elemento <img> accade qualcosa di molto diverso: il browser deve recuperare l'immagine prima che possa essere visualizzata in una pagina.

Il modo migliore per capirlo è guardare un esempio. Diamo una rapida occhiata alla pagina che ha due elementi <img>:

<html>
 <head>
  <title>**Pagina di test**</title>

```html
  </head>
  <body>
    <h1>Prodotti</h1>
    <h2>Margherita</h2>
    <p>
      <img src="../images/margherita.jpg">
      Un fiore classico
    </p>
    <h2>Tulipano</h2>
    <p>
      <img src="../images/tulipano.jpg">
      Fioriture davvero spettacolari
    </p>
  </body>
</html>
```

Per prima cosa il browser recupera il file, lo visualizza e vede che ha due immagini da recuperare. Quindi, deve ottenerle tutte dal server Web, iniziando con "margherita.jpg".

Dopo aver recuperato "margherita.jpg", il browser visualizza il file e quindi passa all'immagine successiva: "tulipano.jpg". Ora il browser ha recuperato "tulipano.jpg", quindi visualizza quell'immagine e questo processo continua per ogni immagine nella pagina.

L'attributo src specifica la posizione di un file immagine da includere nella visualizzazione della pagina Web. L'attributo src può essere utilizzato per qualcosa di più dei semplici collegamenti relativi; puoi anche inserire un URL nel tuo attributo src. Le immagini vengono memorizzate sui server Web proprio come le pagine HTML quindi ogni immagine sul Web ha il proprio URL, proprio come le pagine Web.

In genere vorrai utilizzare un URL per un'immagine se stai puntando a un'immagine presente su sito Web diverso (ricorda, per i link e le immagini sullo stesso sito, è meglio utilizzare percorsi relativi).

Una cosa di cui puoi essere certo sul Web è che non sai mai esattamente quali browser e dispositivi verranno utilizzati per visualizzare le tue pagine. È probabile che i visitatori si presentino con dispositivi mobili, lettori di schermo per non vedenti, browser che funzionano su connessioni Internet molto lente (recuperano solo il testo e non le immagini di un sito). Chissà? Anche se un browser non può visualizzare le immagini sulla tua pagina, c'è un'alternativa.

Puoi dare al visitatore qualche indicazione di quali informazioni sono presenti nell'immagine utilizzando l'attributo alt dell'elemento <img>. C'è un ultimo attributo dell'elemento <img> che dovresti conoscere - in realtà, sono una coppia di attributi: width e height. Puoi utilizzare questi attributi per indicare al browser, in primo piano, la dimensione di un'immagine nella tua pagina, rispettivamente larghezza e altezza.

Capitolo 8: I div
Contenitore generico

Dai un'occhiata alle pagine Web: puoi notare qualche struttura identificando alcune sezioni logiche e quindi racchiudendole all'interno un elemento <div>. Cos'è una sezione logica? È solo un gruppo di elementi che sono tutti correlati nella pagina. Ad esempio, in un sito di alimenti per animali, ci sono alcuni elementi che vengono utilizzati per l'area dei gatti nella pagina e alcuni che vengono utilizzati per i cani.

Ora che sai quali elementi appartengono a ciascuna sezione, puoi aggiungere del codice per contrassegnare questa struttura. Il modo comune per farlo è posizionare i tag di apertura e chiusura <div> attorno agli elementi che appartengono a una sezione logica. Semplicemente innesta i tuoi elementi in <div>, in modo da indicare che tutti quegli elementi appartengono allo stesso gruppo. Ma non hai dato loro alcun tipo di etichetta che dica cosa significa il raggruppamento, giusto?

Un buon modo per farlo è usare un attributo id per fornire un'etichetta univoca per <div>. Ad esempio, diamo ai gatti <div> un ID pari a "gatti" e ai cani <div> un ID pari a "cani". E non devi fermarti qui. È comune anche annidare la struttura.

Ad esempio, nel sito già citato, abbiamo una sezione gatto e una sezione cane, e le due insieme sono logicamente dentro la sezione "Animali domestici" della pagina. Quindi, potremmo inserire sia il <div> "gatti" che "cani" in un <div> "animale domestico".

Ecco un esempio:

<html>

```html
<head>
  <title>Animali domestici</title>
</head>
<body>
  <div id="animali domestici">
    <div id="gatti">
      <p>Sezione Gatti</p>
    </div>
    <div id="cani">
      <p>Sezione Cani</p>
    </div>
  </div>
</body>
</html>
```

Come hai visto, il <div> è letteralmente un contenitore per il contenuto del flusso ovvero una raccolta di più contenuti semanticamente marcati che potrebbero dover essere raggruppati insieme.

Tuttavia, il <div> si trova all'estremità opposta dello spettro semantico rispetto ai nuovi elementi strutturali HTML5. I nuovi elementi semantici (<article>, <section> ecc.) catturano giustamente gran parte del territorio di <div> ma non lo hanno ancora spodestato in HTML5.

Dovresti usare <div> quando non ci sono altri elementi semanticamente appropriati che si adattano al tuo scopo. Il suo utilizzo più comune sarà probabilmente per scopi stilistici, ovvero avvolgere alcuni contenuti con markup semanticamente in un contenitore in stile CSS. Fatti domande sui tuoi contenuti: fa parte della navigazione del sito? Il contenuto è secondario rispetto al contenuto circostante? Se questo contenuto fosse stampato su una pagina senza nient'altro, avrebbe senso? Dovrai valutare attentamente il tuo contenuto, pensando a cosa sia e abbinandolo a un elemento appropriato.

Come affermato in precedenza, l'uso di <div> diminuirà a favore dei nuovi elementi semantici. Se utilizzi molti <div> e solo pochi elementi semantici nei tuoi siti HTML5, non stai davvero sfruttando ciò che HTML5 ha da offrire. Detto questo, potresti dover fare affidamento su <div> durante la transizione al mondo di HTML5.

Un consiglio che mi sento di darti è di usare <div> con le classi che prendono il nome dai nuovi elementi semantici, facendoti pensare a come useresti i nuovi elementi semantici senza effettivamente usarli. Utilizzerai sicuramente <div> meno spesso in HTML5 rispetto a quanto facevi in HTML4 ma è comunque un elemento prezioso da avere nel tuo toolkit. Certo, verrà scelto sempre meno ma comunque ha senso usarlo in alcuni contesti.

Capitolo 9: Prima pagina HTML

Adesso che hai qualche base in più puoi creare la tua prima pagina index.html, con il tuo editor di testo. Puoi usare Atom, Notepad, Sublime Text, IntelliJ Idea, quello che preferisci.

Ecco come si presenta la tua pagina se riassumiamo ciò che hai imparato fino ad ora:

```html
<html>
  <head>
    <title>Animali domestici</title>
  </head>
  <body>
    <h1>Animali Domestici</h1>
    <div id="animali domestici">
      <div id="gatti">
```

```html
    <p><strong>Sezione <strong>Gatti</strong></p>
    <img src="../images/gatto.jpg">
   </div>
   <div id="cani">
    <p><strong>Sezione <strong>Cani</strong></p>
    <img src="../images/cane.jpg">
   </div>
  </div>
  <a href="/chi-siamo.html"><strong>Maggiori informazioni</strong></a>
 </body>
</html>
```

Copia questo codice o digitalo nel tuo editor e salva questa pagina con il nome index.html. Apri questo file nel tuo browser e verifica di aver aggiunto la cartella "images" nel modo corretto, ricorda ciò che abbiamo detto riguardo i percorsi relativi.

Capitolo 10: CSS inline

Non sottovalutare il potere di sapere come funziona l'HTML. Presto vedrai che il modo in cui combini gli elementi in una pagina ha molto a che fare con elementi block o inline. Nel frattempo, puoi anche pensare al block rispetto ad inline in questo modo: gli elementi block vengono utilizzati come i principali elementi costitutivi della tua pagina Web, mentre gli elementi inline contrassegnano piccoli pezzi di contenuto.

Quando si progetta una pagina, in genere si inizia con i blocchi più grandi (gli elementi del blocco) e quindi si aggiungono gli elementi in linea mentre si perfeziona la pagina. La vera ricompensa arriverà quando arriveremo a controllare la presentazione dell'HTML con i CSS. Un classico tranello, <img> è un elemento inline, non causa l'inserimento di interruzioni di riga prima e dopo la visualizzazione dell'elemento. Quindi, se ci sono più immagini insieme nel tuo HTML, il browser le adatterà fianco a fianco se la finestra del browser è abbastanza ampia.

Se nella tua pagina le foto più grandi non sono una accanto all'altra è perché il browser non ha spazio per visualizzarle una accanto all'altra.

Un browser mostra sempre uno spazio verticale prima e dopo un elemento di blocco e, infatti, vedrai che le immagini sono una sopra l'altra senza spazi intermedi. Questo è un altro segno <img> è un elemento inline.

Tra l'altro il codice CSS per usare block e inline può essere incluso direttamente nel codice HTML grazie alla proprietà style, come segue:

```html
<html>
  <head>
    <title>Animali domestici</title>
  </head>
  <body>
    <h1>Animali Domestici</h1>
    <div style="display: block" id="animali domestici">
      <div id="gatti">
        <p>Sezione <strong>Gatti</strong></p>
        <img style="display: inline" src="../images/gatto.jpg">
      </div>
      <div id="cani">
        <p>Sezione <strong>Cani</strong></p>
        <img src="../images/cane.jpg">
      </div>
    </div>
```

```html
<a href="/chi-siamo.html"><strong>Maggiori informazioni</strong></a>
  </body>
</html>
```

Le regole CSS sono definite come un nome di proprietà seguito da due punti e quindi da un valore della proprietà. Le singole regole vengono terminate da punto e virgola mentre la regola finale ha un punto e virgola facoltativo.

```css
p {
margin: 10px;
}

img {
margin: 10px;
}
```

Le regole CSS possono essere inserite direttamente nella maggior parte dei tag HTML impostando lo style dell'attributo principale sulla regola. Tale uso diretto dei CSS è chiamato "stile inline" ed è la forma meno favorevole di CSS a causa del suo stretto accoppiamento con i tag HTML effettivi.

Invece di posizionare le regole direttamente all'interno degli elementi di markup, potremmo creare in modo più appropriato una regola che si lega ad un particolare elemento o insieme di elementi, che si presterà per il riutilizzo futuro. Simile all'uso inline, una regola di stile è composta da nomi di proprietà e valori di proprietà separati da due punti, con ciascuna dichiarazione di stile (coppia proprietà / valore) a sua volta separata da un punto e virgola.

Le due regole usate in precedenza possono essere inglobate in un file CSS o possono essere presenti direttamente nel file HTML all'interno del tag <style> come segue:

```html
<html>
  <head>
    <title>Animali domestici</title>
    <style>
      p, img {
      margin: 10px;
      }
    </style>
  </head>
  <body>
    <h1>Animali Domestici</h1>
    <div style="display: block" id="animali domestici">
      <div id="gatti">
        <p>Sezione <strong>Gatti</strong></p>
```

```html
        <img style="display: inline" src="../images/gatto.jpg">
    </div>
    <div id="cani">
      <p>Sezione <strong>Cani</strong></p>
      <img src="../images/cane.jpg">
    </div>
  </div>
  <a href="/chi-siamo.html">Maggiori informazioni</a>
 </body>
</html>
```

È possibile inserire tali regole in un file CSS in modo da facilitare il riutilizzo delle regole, in tal caso, il file deve essere collegato al codice HTML con l'elemento <link rel = "stylesheet" type = "text/css" href = "stile.css" />.

Capitolo 11: CSS applicato al testo

Molte delle proprietà CSS sono dedicate ad aiutarti a modellare il tuo testo. Usando i CSS, puoi controllare il carattere, lo stile, il colore e persino le decorazioni che vengono applicate al tuo testo, e tratteremo tutto questo in questo capitolo. Inizieremo esplorando i caratteri utilizzati per visualizzare le tue pagine. Prima di immergerci, diamo ad alcune proprietà che puoi utilizzare per specificare e modificare l'aspetto dei tuoi caratteri.

I caratteri possono avere un effetto drammatico sul design delle tue pagine, infatti, i caratteri sono suddivisi in "famiglie di caratteri" da cui puoi specificare i caratteri che desideri utilizzare in ogni elemento della tua pagina. Solo alcuni tipi di carattere sono comunemente installati sulla maggior parte dei computer, quindi è necessario fare attenzione nella scelta dei caratteri. In questo capitolo ti guideremo attraverso tutto ciò che devi sapere per specificare e utilizzare al meglio i caratteri.

La dimensione dei caratteri ha un grande impatto sul design e sulla leggibilità delle tue pagine web.

Esistono diversi modi per specificare le dimensioni dei caratteri con CSS e ora ti insegneremo anche come specificare i tuoi caratteri in un modo che consenta agli utenti di aumentare la dimensione del carattere senza influire sul tuo progetto. Ecco un esempio:

```
body {
    font-family: Verdana, Geneva, Arial, sans-serif;
```

```
  font-size: 14px;
}
```

Come puoi notare queste proprietà sono piuttosto parlanti, abbiamo semplicemente definito la famiglia del carattere e la sua dimensione per l'intero body del file html. Puoi cambiare il colore del testo con la proprietà color. Per farlo, è utile conoscere un po' i colori del Web e ti guideremo attraverso tutti i dettagli del colore, inclusi i misteriosi "codici esadecimali" dei colori.

Stai iniziando a vedere che ci sono molte dichiarazioni in cui puoi aggiungere colore alle tue pagine: colori dello sfondo, colori dei bordi e anche i colori dei caratteri. Ma come funzionano effettivamente i colori su un computer? Diamo un'occhiata.

I colori Web sono specificati in termini di quantità di rosso, verde e blu che compongono il colore.

Si specifica la quantità di ciascun colore da 0 a 100% e quindi si sommano tutti insieme per ottenere un colore finale. Ad esempio, se aggiungi il 100% di rosso, il 100% di verde e il 100% di blu insieme, ottieni il bianco. Si noti che sullo schermo di un computer, mescolando i colori si ottiene un colore più chiaro. Dopotutto, è la luce che stiamo mescolando! Avere pochi colori nella tua tavolozza limita davvero l'espressività delle tue pagine, perciò, ti mostreremo come specificare i colori in un modo che tu possa usare molti più di 120 colori; sarai in grado di lavorare con una tavolozza di sedici milioni di colori.

I CSS offrono alcuni modi per specificare i colori: puoi specificare il nome di un colore, specificare un colore in termini di percentuali relative in rosso, verde e blu oppure puoi specificare il tuo colore usando un codice esadecimale, che è l'abbreviazione per descrivere i componenti rosso, verde e blu del colore scelto. In realtà non esiste uno standard, tutti questi formati sono molto usati quindi è bene conoscerli tutti.

Tuttavia, i codici esadecimali sono di gran lunga il modo più comune per specificare i colori Web. Ma ricorda che tutti questi modi di specificare il colore alla fine dicono al browser la quantità di rosso, verde e blu che viene usata in un colore.

Il modo più semplice per descrivere un colore in CSS è semplicemente usare il suo nome. Ma, come sai, sono pochi i colori che possono essere specificati in questo modo, ecco alcuni esempi: aqua, black, blue, fuchsia, gray, green, lime, orange, white e yellow.

```
body {
  color: yellow;
}
```

Puoi anche specificare un colore come quantità di rosso, verde e blu. Quindi, supponiamo di voler specificare il colore arancione che consiste nell'80% di rosso, 40% di verde e 0% di blu:

```
body {
  color: rgb(80%, 40%, 0%);
}
```

Puoi anche specificare i valori di rosso, verde e blu come un valore numerico compreso tra 0 e 255. Quindi, invece di 80% rosso, 40% verde e 0% blu, puoi usare 204 rosso, 102 verde e 0 blu.

```
body {
```

```
  color: rgb(204, 102, 0);
}
```

Ora affrontiamo quei codici esadecimali dall'aspetto stravagante. Ecco il segreto per capirli: ogni set di due cifre di un codice esadecimale rappresenta solo il componente rosso, verde e blu del colore. Quindi le prime due cifre rappresentano il rosso, le due successive il verde e le ultime due rappresentano il blu. Come questo:

```
body {
  color: #cc6600;
}
```

Ok, ecco il secondo segreto per leggere i codici esadecimali: ogni set di due cifre rappresenta un numero da 0 a 255. Il problema è che se usassimo numeri, saremmo in grado di rappresentare solo fino a 99 in due cifre, giusto? Ebbene, non volendo essere vincolati da qualcosa di semplice come le cifre 0-9, gli informatici hanno deciso che potevano rappresentare tutti i 255 valori anche con l'aiuto di alcune lettere (dalla A alla F). Ricorda che ogni colore esadecimale è costituito da un componente rosso, verde e blu.

La prima cosa che vuoi fare è separarli quindi converti ogni numero esadecimale nel suo equivalente decimale. Ora che hai i componenti separati, puoi calcolare il valore per ciascuno da 0 a 255.

Cominciamo con il numero esadecimale per il componente rosso: CC. C equivale a 12 quindi prendi il numero più a destra e annota il suo valore decimale. Ora prendi il numero più a sinistra e convertilo nel suo valore decimale, quindi moltiplicalo per 16. Infine, somma questi due numeri e otterrai che 204 è l'equivalente decimale di CC in esadecimale. Ripeti lo stesso metodo sugli altri due valori.

Perché accontentarsi di caratteri noiosi e ordinari quando puoi dare loro un po' di grassetto quando necessario? Tutto questo è facilmente realizzabile con la proprietà font-weight che può assumere i valori: lighter, normal, bold e bolder. Ecco un esempio:

```
body {
  font-weight: bold;
}
```

Aggiungi ancora più stile al tuo testo con la proprietà text-decoration. Usando la proprietà text-decoration puoi decorare il tuo testo con decorazioni tra cui overlines, underlines e line-through. E se non ne avevi abbastanza del testo lampeggiante sui siti Web negli anni '90, i progettisti di CSS hanno persino incluso il valore blink come decorazione del testo (sebbene per fortuna non richiedano ai browser di implementarlo).

Vuoi centrare il tuo testo? Facile con CSS e la proprietà text-align che può assumere i seguenti valori: left,right,center,justify,initial,inherit. Ecco un esempio:

```
body {
    text-align: center;
}
```

Capitolo 12: CSS applicato ai div
Position

Con i CSS, ci sono in genere molti modi per realizzare un layout, ciascuno con i propri punti di forza e di debolezza. Utilizzeremo invece una funzionalità dei CSS che ti consente di posizionare con precisione gli elementi sulla pagina e si chiama posizionamento assoluto.

Assumiamo di avere un sacco di <div>: uno per l'intestazione, uno per il principale, uno per il piè di pagina e anche una barra laterale. La barra laterale <div> si trova sotto l'area dei contenuti principali, dove ci piacerebbe averla in modo ottimale. Cominciamo con un'idea di cosa fa il posizionamento assoluto e come funziona.

Ecco un piccolo CSS per posizionare la barra laterale <div> con posizionamento assoluto:

```css
#sidebar {
  position: absolute;
  top: 100px;
  right: 200px;
  width: 280px;
}
```

Ora diamo un'occhiata a cosa fa questo CSS. Quando un elemento è posizionato in modo assoluto, la prima cosa che fa il browser è rimuoverlo completamente dal flusso. Il browser, quindi, posiziona l'elemento nella posizione indicata dalle proprietà in alto e a destra (ma è possibile utilizzare anche in basso e a sinistra). In questo caso, la barra laterale sarà a 100 pixel dalla parte superiore della pagina e 200 pixel dal lato destro della pagina. Stiamo anche impostando una larghezza su questo <div>.

Poiché la barra laterale è ora posizionata in modo assoluto, viene rimossa dal flusso tradizionale e viene posizionata in base a qualsiasi proprietà top, left, right o bottom che hai specificato. Se la barra laterale è fuori dal flusso, gli altri elementi non sanno nemmeno che sia lì e la ignorano totalmente.

Supponiamo di avere un altro <div> con l'id "pippo". Proprio come con la sidebar, abbiamo posizionato il <div> in una posizione precisa sulla pagina. Tutti gli elementi sottostanti che si trovano nel normale flusso della pagina non hanno la più pallida idea degli elementi posizionati in modo assoluto sovrapposti.

Gli elementi posizionati in modo assoluto non hanno alcun effetto sugli altri elementi ma l'aspetto interessante è che gli elementi posizionati in modo assoluto possono essere sovrapposti uno sull'altro. Ma se hai pochi elementi posizionati in modo assoluto nella stessa posizione in una pagina, come fai a conoscere la stratificazione? In altre parole, chi è in cima? Ogni elemento posizionato ha una proprietà chiamata z-index che ne specifica la posizione.

Rispetto al posizionamento assoluto, il posizionamento fisso è piuttosto semplice. Con il posizionamento fisso, specifichi la posizione di un elemento proprio come fai con il posizionamento assoluto, ma la posizione è un offset dal bordo della finestra del browser piuttosto che dalla pagina.

L'effetto interessante è che una volta che hai posizionato il contenuto con position: fixed, rimane esattamente dove lo metti e non si sposta, anche se scorri la pagina. Quindi, supponiamo di avere un <div> con ID "coupon".

Puoi posizionare il <div> fisso su un punto a 300 pixel dalla parte superiore del viewport e a 100 pixel dal lato sinistro, in questo modo:

```css
#coupon {
  position: fixed;
  top: 300px;
  left: 100px;
}
```

Una volta che hai posizionato un elemento, arriva il bello: scorri... e non si muove. Ridimensioni la finestra... e non si muove. Il punto è proprio questo, gli elementi a posizione fissa non si muovono; sono lì per sempre nella stessa posizione finché la pagina viene visualizzata.

Questo è l'ultimo tipo di posizionamento: posizionamento relativo. A differenza del posizionamento assoluto e fisso, un elemento relativamente posizionato fa ancora parte del flusso della pagina, ma all'ultimo momento, appena prima che l'elemento venga visualizzato, il browser devia la sua posizione.

Impostando le proprietà top, right, bottom e left di un elemento posizionato relativamente farà sì che venga regolato lontano dalla sua posizione normale. Gli altri contenuti non verranno regolati per adattarsi ad eventuali spazi lasciati dall'elemento. Ecco un esempio:

```
div.relative {
    position: relative;
    left: 30px;
    border: 3px solid #73AD21;
}
```

Dimensioni e margin

Ogni elemento ha una larghezza e un'altezza che possono influire notevolmente sull'aspetto della tua pagina web. Le larghezze e le altezze degli elementi possono essere controllate per creare immagini di intestazione di grandi dimensioni, paragrafi impilati, colonne di contenuto e altro ancora. Un elemento ha una larghezza e un'altezza predefinite che sono appena sufficienti per contenere il suo contenuto.

Ad esempio, un paragrafo che contiene 5 parole sarà abbastanza largo da contenere quelle cinque parole e abbastanza alto per la dimensione del carattere di quelle parole. Impostando una nuova proprietà width o height puoi rendere un elemento largo o alto a tuo piacere. Per rendere un elemento largo 200 px e alto 200 px, puoi impostare:

```
elemento {
  width: 200px;
```

```
    height: 200px;
}
```

Tuttavia, il riempimento e i bordi vengono aggiunti alla larghezza e all'altezza dell'elemento.

L'aggiunta di 10 pixel di riempimento e un bordo di 3px fa sì che qualsiasi elemento occupi più spazio. Anche se imposti una larghezza di 200 px su un elemento, il riempimento e il bordo aggiuntivi renderanno la sua larghezza effettiva di 226 pixel sulla pagina (200 px di larghezza + (210 px per il riempimento) + (23 px per i bordi)).

Questo è probabilmente il comportamento più strano da considerare quando si ha a che fare con le larghezze. Per fortuna CSS ci ha pensato e con una riga di codice, puoi sovrascrivere questo comportamento:

```
elemento {
  box-sizing: border-box;
}
```

Impostando la proprietà box-sizing su border-box su qualsiasi elemento, dichiari che il suo riempimento e i suoi bordi dovrebbero essere inclusi nella larghezza dell'elemento. Nello scenario precedente, l'elemento sarebbe largo solo 200 px in totale, inclusi riempimento e bordi. Con questo in mente, esploreremo a breve i vari modi per impostare le larghezze.

Useremo un esempio leggermente più complicato per mostrare i vari modi in cui è possibile impostare la larghezza per ottenere l'effetto desiderato.

Nel nostro esempio, abbiamo un div che ha una classe "main" che contiene un'intestazione, un paragrafo e diverse virgolette. Il div ha un bordo punteggiato e le virgolette hanno uno sfondo verde chiaro.

```html
<div class="main">
  <h1>Acquista i nostri prodotti</h1>
  <p>Siamo il principale produttore mondiale di pennelli e siamo orgogliosi di offrire la più alta qualità di setole possibile. Guarda cosa hanno da dire i nostri clienti:</p>
  <blockquote>"Pennelli fantastici! Davvero ottimi e precisi." - Giorgio</blockquote>
  <blockquote>"Un artista è buono quanto i suoi strumenti. Grazie, ABC, per quest'ottimo prodotto." - Sara</blockquote>
  <blockquote>"Non ho mai usato pennelli così precisi!" - Michele</blockquote>
</div>
```

Ecco le regole di stile CSS:

```css
body {
  font-family: Avenir, Arial, sans-serif;
  text-align: center;
}

.main {
  border: 10px dotted black;
  padding: 20px;
  margin: 0px auto;
}

h1 {
  margin: 0px;
}

blockquote {
  padding: 20px;
  background-color: lightgreen;
  border-radius: 10px;
  margin: 10px auto;
  text-align: center;
```

}

Come hai visto su margini, bordi e spaziatura interna, anche le larghezze e le altezze possono essere impostate in pixel. Impostando una larghezza o altezza in pixel significa che la larghezza o l'altezza sarà sempre la stessa, indipendentemente dalle dimensioni dello schermo da cui viene visualizzata la pagina.

Stai attento con questo aspetto! Impostando una larghezza di 600px sul div principale ridurrà automaticamente la sua larghezza ma anche la larghezza dei suoi elementi figli in modo che tutto rientri ancora all'interno:

```css
.main {
  width: 600px;
}
```

Il div è centrato sulla pagina perché ha una larghezza definita e ha i margini sinistro / destro impostati su auto.

Quando la larghezza o l'altezza di un elemento è impostata in em o rem, la misura sarà uguale alla dimensione del carattere dell'elemento. Ad esempio, se la dimensione del carattere di un elemento è 16px, 1em di larghezza sarebbe uguale a 16px. Poiché la dimensione del carattere del div principale è di default 16px, dovremmo impostare la sua larghezza a 37,5em per ottenere una larghezza di 600 pixel (perché 600/16 = 37,5).

```
.main {
    width: 37.5em;
}
```

Quando la larghezza o l'altezza di un elemento è impostata come percentuale, invece, il valore sarà relativo alla larghezza o all'altezza del blocco contenitore. Supponiamo che un div sia largo 700 px, un paragrafo all'interno del div con una larghezza del 50% alla fine sarebbe largo 350 px. Di recente abbiamo impostato la larghezza del nostro div sopra a 37.5em. Manteniamo quel valore e impostiamo le larghezze dei blockquote del blocco al 50%.

I blockquote verranno ridotti alla metà della larghezza del div principale.

```
.main {
  width: 37.5em;
}

blockquote {
  width: 50%;
}
```

Molti siti Web ora sono reattivi, il che significa che rispondono a seconda delle dimensioni dello schermo dell'utente. Ad esempio, se sei sul tuo computer e riduci gradualmente le dimensioni della finestra del browser noterai che anche la maggior parte degli elementi diventerà più piccola.

Potresti voler impostare valori che non lasciano mai che la larghezza o l'altezza di un elemento vada al di sopra o al di sotto di un determinato valore. Le proprietà min-width, max-width, min-height e max-height sono ottime per questo scopo.

Le proprietà max-width e max-height assicureranno che un elemento non sarà mai più largo o più alto del valore impostato, anche se c'è abbastanza spazio nella pagina per occupare più spazio.

Le proprietà min-width e min-height assicureranno che un elemento non sarà mai più stretto o più corto del valore impostato, indipendentemente dalle dimensioni della finestra del browser. Queste proprietà hanno molto più senso se usate nel browser, quindi ti incoraggio a metterle in pratica nella tua pagina Web.

Capitolo 13: Immagini e CSS

Le immagini sfruttano tutto quello già evidenziato nel capitolo precedente, riguardo la posizione, le dimensioni, riempimenti e margini. Ecco alcune proprietà CSS che possono rendere più accattivante il tuo sito Web. Usa la proprietà border-radius per creare immagini arrotondate:

```
img {
  border-radius: 8px;
}
```

In questo caso abbiamo arrotondato di poco i bordi dell'immagine ma possiamo aumentare questo valore fino ad ottenere un'immagine di forma circolare:

```css
img {
  border-radius: 50%;
}
```

Per creare una cornice intorno a tutte le tue immagini in una pagina puoi giocare con la proprietà border:

```css
img {
  border: 1px solid #ddd;
  border-radius: 4px;
  padding: 5px;
  width: 150px;
}
```

Mentre il codice HTML sarà:

```html
<img src="fiore.jpg" alt="Fiore con ape">
```

Immagini responsive

Le immagini responsive si adattano automaticamente alle dimensioni dello schermo, questa tecnologia è molto usata anche per i dispositivi mobile come smartphone e tablet. Aggiungi queste regole CSS e ridimensiona la finestra del browser per vedere l'effetto:

```css
img {
  max-width: 100%;
  height: auto;
}
```

Qualora volessi anche centrare l'immagine puoi usare queste regole:

```css
img {
  display: block;
```

```
margin-left: auto;
margin-right: auto;
width: 50%;
}
```

Davvero semplice, vero? È bellissimo leggere queste regole di stile e sapere quello che fanno, sono sicuro che all'inizio di questo libro avresti fatto più fatica.

Capitolo 14: Il mondo vero

In questo capitolo vogliamo dimostrarti come può apparire una pagina HTML completa di CSS e JavaScript. Ecco il codice HTML:

```html
<html lang="it">
  <head>
    <title>Pagina completa in HTML5</title>
    <meta name="description" content="Pagina HTML completa: solo contenuto testuale">
    <meta name="keywords" content="HTML5, pagina, CSS">
    <meta name="author" content="Il tuo nome">
    <meta name="viewport" content="width=device-width, initial-scale=1.0">
    <meta charset="UTF-8" />
    <link rel="stylesheet" href="stile.css">
```

```html
  </head>
  <body>
    <header>
      <h1>Pagina in HTML5</h1>
    </header>
    <nav>
      <ul>
        <li><a href="#intro">Introduzione</a></li>
        <li><a href="#web">Il Web</a></li>
        <li><a href="#css">CSS</a></li>
        <li><a href="#js">JavaScript</a></li>
      </ul>
    </nav>
    <section id="intro">
      <h2>Introduzione</h2>
      <article>
        <h3>Il web nasce per condividere informazioni</h3>
        <p>Il Web &egrave; il motore della nuova generazione, un vastissimo
```

insieme di contenuti distribuiti attraverso la rete.`<br/>` **Questi** `<strong>`**contenuti**`</strong>` **sono i veri protagonisti e, avrai imparato, che l'HTML nasce per presentarli in maniera** `<em>`**leggibile**`</em>` **all'uomo e** `<em>`**indicizzabile**`</em>` **dalle macchine.**`</p>`

```
    </article>
   </section>
   <footer>
    <p>&copy; Il tuo nome</p>
   </footer>
   <!--Codice JavaScript -->
   <script src="https://code.jquery.com/jquery-3.5.1.slim.js"></script>
   <script>
    $(document).ready(function() {
     console.log("Ben fatto!");
    });
```

```
    </script>
  </body>
</html>
```

Crea un file con estensione .html con il seguente testo e crea un file con estensione .css con il seguente codice allo stesso livello:

```css
/*tipografia*/

h1 {
  font-family: 'Raleway', sans-serif;
  font-style: normal;
  font-weight: 900;
}

h2 {
  font-family: 'Raleway', sans-serif;
  font-style: normal;
  font-weight: 700;
}
```

```css
h3 {
  font-family: 'Raleway', sans-serif;
  font-style: normal;
  font-weight: 500;
}

h4,
h5,
h6 {
  font-family: 'Raleway', sans-serif;
  font-style: normal;
  font-weight: 300;
}

html {
  font-family: 'Lato', sans-serif;
  font-style: normal;
  font-weight: 300;
}
```

/*elementi*/

```css
html {
  padding: 0.8em;
  background-color: #269;
  background-image: linear-gradient(red 2px, transparent 2px), linear-gradient(90deg, white 2px, transparent 2px), linear-gradient(rgba(255, 255, 255, .3) 1px, transparent 1px), linear-gradient(90deg, rgba(255, 255, 255, .3) 1px, transparent 1px);
  background-size: 100px 100px, 100px 100px, 20px 20px, 20px 20px;
  background-position: -2px -2px, -2px -2px, -1px -1px, -1px -1px
}

body {
  font-size: 1em;
```

```css
}

nav,
section,
footer {
  border: 1px solid grey;
  margin: 5px;
  padding: 8px;
  background-color: #FFF;
  opacity: 1;
}

header,
footer {
  margin: 5px;
  padding: 8px;
  background-color: #FFF;
  opacity: 0.8;
}

nav {
```

```css
  background-color: #99ccff;
  color: #000;
}

nav ul {
  margin: 0;
  padding: 0;
}

nav ul li {
  display: inline;
  margin: 5px;
}

nav ul li a {
  text-decoration: none;
  font-variant: small-caps;
}

nav ul li a:link,
nav ul li a:visited {
```

```css
  color: #000
}

nav ul li a:hover,
nav ul li a:active {
  color: #0066cc
}

aside {
  float: right;
}

h1,
h2,
h3,
h4 {
  margin-left: 5px;
}
```

Infine, avrai notato che abbiamo inserito anche un po' di interazione per lasciare spazio alla tua fantasia e farti immaginare tutto quello che puoi fare con JavaScript. Alla fine del tag <body> abbiamo inserito anche un po' di interazione con JavaScript e, in modo particolare, con jQuery.

Se hai impostato tutto correttamente, aprendo la tua pagina vedrai un messaggio da parte del tuo browser. Questo è solo un assaggio di ciò che puoi fare con JavaScript e jQuery.

www.ingramcontent.com/pod-product-compliance
Lightning Source LLC
Chambersburg PA
CBHW070417220526
45466CB00004B/1445